Made in the USA
Las Vegas, NV
15 September 2021

30361658R00069